── 撰　稿 ──

张　迪　　沈蓓蕾　　孙　杰
唐旭东　　曹　阳　　赵　新
魏诗棋　　郑士明　　高　雪
柴冰冰　　陈禹行　　滕　雪
张　静　　刘晓漫　　王靖雯
康　健

── 插图绘制 ──

雨孩子　　肖猷洪　　郑作鹏
王茜茜　　郭　黎　　任　嘉
陈　威　　程　石　　刘　瑶

── 装帧设计 ──

陆思茁　　陈　娇
高晓雨　　张　楠

了不起的中国

—— 传统文化卷 ——

诸子百家

派糖童书 编绘

化学工业出版社

·北京·

图书在版编目(CIP)数据

诸子百家 / 派糖童书编绘. —北京：化学工业出版社，2023.10（2024.10重印）

（了不起的中国.传统文化卷）

ISBN 978-7-122-43895-9

Ⅰ．①诸… Ⅱ．①派… Ⅲ．①先秦哲学-儿童读物 Ⅳ.①B22-49

中国国家版本馆CIP数据核字（2023）第137000号

责任编辑：刘晓婷　　　　　　　　　　　　　责任校对：王　静

出版发行：化学工业出版社（北京市东城区青年湖南街13号　邮政编码 100011）

印　　装：河北尚唐印刷包装有限公司

787mm×1092mm　1/16　印张5　2024年10月北京第1版第2次印刷

购书咨询：010-64518888　　　售后服务：010-64518899

网　　址：http://www.cip.com.cn

凡购买本书，如有缺损质量问题，本社销售中心负责调换。

定　　价：35.00元

前 言

几千年前，世界诞生了四大文明古国，它们分别是古埃及、古印度、古巴比伦和中国。如今，其他三大文明都在历史长河中消亡，只有中华文明延续了下来。

究竟是怎样的国家，文化基因能延续五千年而没有中断？这五千年的悠久历史又给我们留下了什么？中华文化又是凭借什么走向世界的？"了不起的中国"系列图书会给你答案。

"了不起的中国"系列集结二十本分册，分为两辑出版：第一辑为"传统文化卷"，包括神话传说、姓名由来、中国汉字、礼仪之邦、诸子百家、灿烂文学、妙趣成语、二十四节气、传统节日、书画艺术、传统服饰、中华美食，共计十二本；第二辑为"古代科技卷"，包括丝绸之路、四大发明、中医中药、农耕水利、天文地理、古典建筑、算术几何、美器美物，共计八本。

这二十本分册体系完整——

从遥远的上古神话开始，讲述天地初创的神奇、英雄不屈的精神，在小读者心中建立起文明最初的底稿；当名姓标记血统、文字记录历史、礼仪规范行为之后，底稿上清晰的线条逐渐显露，那是一幅肌理细腻、规模宏大的巨作；诸子百家百花盛放，文学敷以亮色，成语点缀趣味，二十四节气联结自然的深邃，传统节日成为中国人年复一年的习惯，中华文明的巨幅画卷呈现梦幻般的色彩；

书画艺术的一笔一画调养身心，传统服饰的一丝一缕修正气质，中华美食的一饮一馔（zhuàn）滋养肉体……

在人文智慧绘就的画卷上，科学智慧绽放奇花。要知道，我国的科学技术水平在漫长的历史时期里一直走在世界前列，这是每个中国孩子可堪引以为傲的事实。陆上丝绸之路和海上丝绸之路，如源源不断的活水为亚、欧、非三大洲注入了活力，那是推动整个人类进步的路途；四大发明带来的文化普及、技术进步和地域开发的影响广泛性直至全球；中医中药、农耕水利的成就是现代人仍能承享的福祉；天文地理、算术几何领域的研究成果发展到如今已成为学术共识；古典建筑和器物之美是凝固的匠心和传世精华……

中华文明上下五千年，这套"了不起的中国"如此这般把五千年文明的来龙去脉轻声细语讲述清楚，让孩子明白：自豪有根，才不会自大；骄傲有源，才不会傲慢。当孩子向其他国家的人们介绍自己祖国的文化时——孩子们的时代更当是万国融会交流的时代——可见那样自信，那样踏实，那样句句确凿，让中国之美可以如诗般传诵到世界各地。

现在让我们翻开书，一起跨越时光，体会中国的"了不起"。

目 录

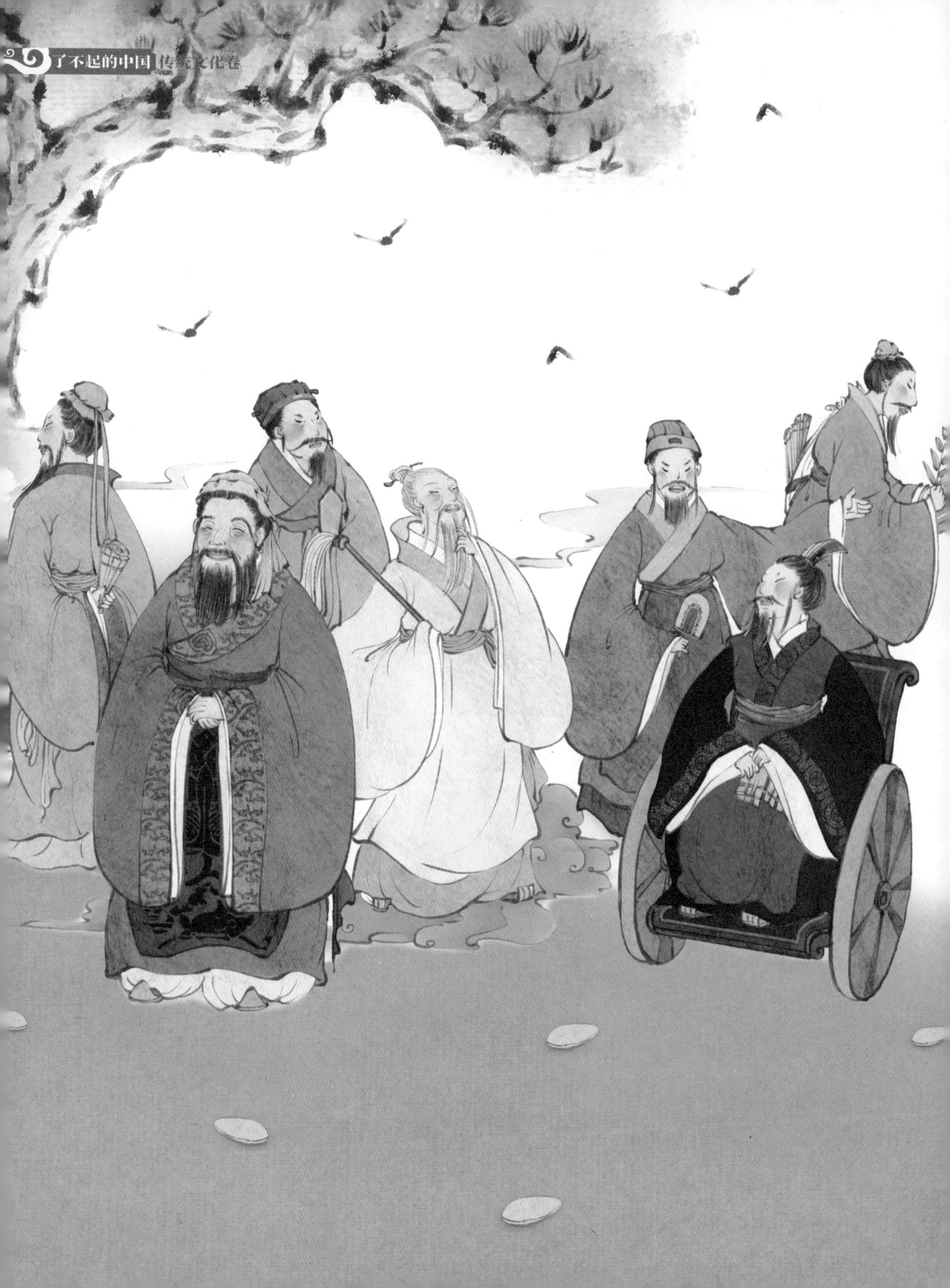

导 言

我国的春秋战国时期（距今2000多年前）是一个各种思想争奇斗艳的时代，也是各种各样有意思的人、有思想的学术派别繁荣发展的时代。那时有很多诸侯国，而且老是打架，架打得多了，老百姓就过得不好，社会问题频频出现。这样，一些有学问的人就主动站出来解决这些问题。这些人提出了一些很有个性的观点，形成了诸多派别，观点与观点相互碰撞、相互促进，引发了很多思考和讨论，这些思想直到现在仍然影响着我们。我们现在的人统称这些派别为"诸子百家"。

主要学派及其代表人物

学派	代表人物
儒家	孔子、孟子、荀（xún）子
墨家	墨子
道家	老子、庄子
法家	李悝（kuī）、韩非子、商鞅（yāng）
阴阳家	邹衍（Zōu Yǎn）
名家	惠子、公孙龙
纵横家	鬼谷子、苏秦、张仪
兵家	孙武、孙膑（bìn）、吴起
农家	许行
医家	扁鹊
杂家	吕不韦

孔子

"摩登圣人"孔子

　　诸子百家中最重要也最有名的人物，当然是孔子。孔子原名叫孔丘，字仲尼，生于公元前551年的鲁国陬邑（zōuyì），也就是现在的山东曲阜（Qūfù）。孔子是儒家的创始人。传统上，我们中国人称孔子为"圣人"，就是很神圣的人，跟平常人不一样。这是因为他对中国文化的贡献实在太大了。

孔子习礼

　　礼是"六艺"之一，在当时是一门贵族学问。孔子的祖辈很多人担任过礼官，《史记·孔子世家》中说，孔子还是孩子的时候，就喜欢摆上祭器，演习礼仪。

六艺

六艺中除了"礼"还包括乐、射、御、书、数，它们是周朝士家子弟必须研习的学问。

"礼"指礼节，是德行的教育，包括吉、凶、宾、军、嘉五礼；"乐"指音乐，包括《云门》《大咸》《大韶》《大夏》《大濩（hù）》《大武》六乐；"射"指射箭技术，包括白矢、参连、剡（yǎn）注、襄尺、井仪五种射技；"御"指驾驶马车的技术，包括鸣和鸾、逐水曲、过君表、舞交衢（qú）、逐禽左；"书"指识字、写字和作文章，识字方式包括象形、指事、会意、形声、转注、假借这六种；"数"指的是理数、气数，阴阳五行的运动规律。

生活中的礼节和仪式上的礼仪。

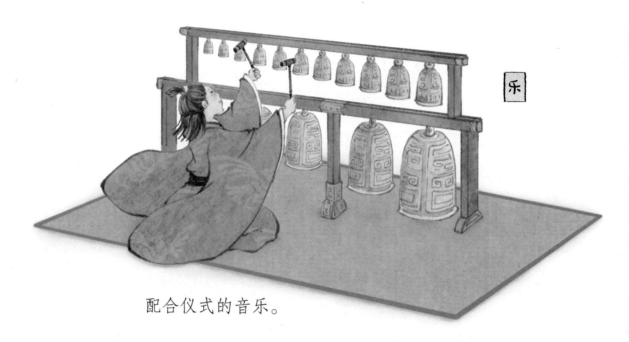

乐

配合仪式的音乐。

射

射箭的技能。

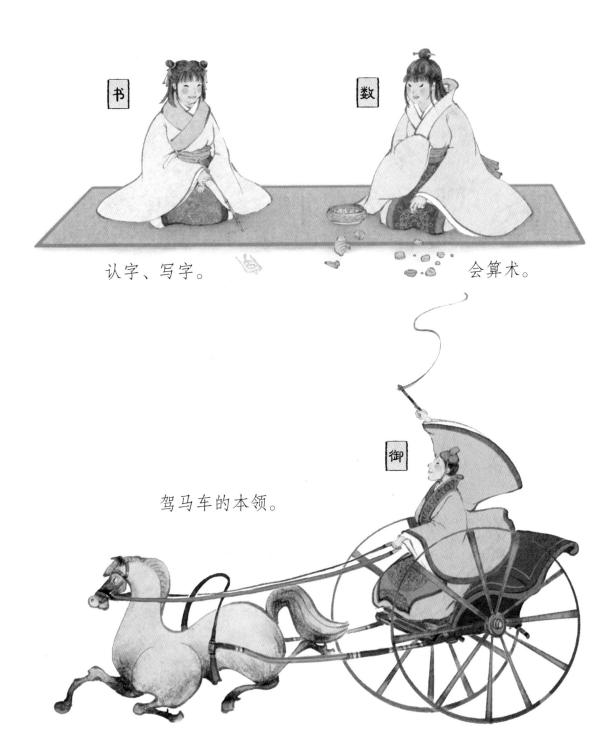

书　认字、写字。

数　会算术。

御　驾马车的本领。

三人行，必有我师焉

孔子很小的时候就立下了一个大志愿。

这个志愿是当官发财吗？不是的，孔子十五岁的时候，就决定自己一生都要致力于学问研究。《论语·为政》里就记录了孔子的话："吾十有五而志于学。"

孔子好学又善学，他的家庭条件不好，三岁时，他的父亲就去世了，母亲带着他奔波操劳。虽然一直没有很好的教育环境，但孔子真的很聪明，他利用一切条件学习，而且活学活用。

韦编三绝

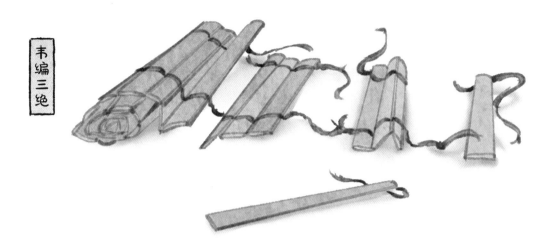

不耻下问

🌀 会学习的孔子

孔子的学习方法总结下来就是：1. 勤学苦读，"韦（wéi）编三绝"，书读了太多遍，把绑书的皮带都翻得断了好几次；2. 多向他人学习，"三人行，必有我师焉（yān）"，他人身上必有长于我的地方；3. 不害羞，不怕耻笑，"敏而好学，不耻下问"；4. 边学边想，想学结合，"学而不思则罔（wǎng），思而不学则殆（dài）"。

◎ 观点阅读：

子曰："朝闻道，夕死可矣。"（《论语·里仁》）

孔子说："早晨得知真理，要我当晚死去都可以。"

◎ 观点阅读：

子曰："学而时习之，不亦说乎？有朋自远方来，不亦乐乎？人不知而不愠（yùn），不亦君子乎？"（《论语·学而》）

孔子说："学习后时常温习所学的知识，不是很愉快吗？有志同道合的朋友从远方来，不是很高兴吗？别人不了解我，我却不生气，这不是一个有贤德的人吗？"

◎ 观点阅读：

子曰："君子不重则不威，学则不固。主忠信。无友不如己者。过则勿惮改。"（《论语·学而》）

孔子说："一个君子，不庄重就没有威严，学习的也不能牢固。行事要以忠信为主。不要同不如自己的人交朋友。有了过错，不要怕改正。"

🌀 观点阅读：

子曰："道千乘之国，敬事而信，节用而爱人，使民以时。"（《论语·学而》）

孔子说："领导一个可以出千乘兵车的大国，遇到事情要谨慎，认真对待，还要诚实守信；节约开支，不奢侈浪费，以爱人为念；使用民力时，也不要耽误了农时。"

🌀 孔子辞官

孔子非常想做更大的事，实现自己的政治理念，所以，他其实是愿意做官的。孔子曾经在鲁国做过不小的官，把地方治理得都没人犯法了，还出色地解决了齐国和鲁国之间的外交问题，表现出了优秀的政治才能。但后来，鲁国的国君不认同他的治国理念，孔子也对国君非常失望，便辞官离开了。

🌀 夹谷会盟

夹谷会盟是孔子政治生涯中的亮点。公元前500年，齐国和鲁国的国君在夹谷那个地方见面，商讨结盟的事情。齐国人几次三番做出失礼的举动，都被孔子以礼挫败。齐景公惭愧不已，回国后训斥了那些给自己出馊主意的臣子，还归还了以前侵占鲁国的城池和土地。由此也可以看出，当时的人们还是很讲"礼"的。通过"礼"就能讨还失地，这在以后的历史中几乎是找不到的。

夹谷会盟

不改其乐

☁ 孔子遭难

孔子为了能推行自己的仁义理念，便周游列国，到各个地方去寻找机会，可惜他的运气不好，很多国家都只是尊敬他，却不要他来做官。孔子的抱负无处施展，长期奔波中没有遇到赏识他的明君，甚至几次遇到困厄。过匡地时，被错认成阳虎，他和众弟子都被当地人包围；过宋国时，有人要害他，幸得改装逃脱；在陈、蔡边境又差点儿被饿死。

☁ 厄于陈蔡

孔子和弟子们被困于陈国和蔡国之间，好几天没吃饭了，子贡带着货物出去换回来一些米。颜回和仲由煮饭的时候，有烟灰掉进饭里，颜回直接抓起那块饭放进嘴里。这一场景被子贡看见，以为颜回在偷吃，于是进屋把这件事告诉了孔子。孔子把颜回叫进来说："前几天我梦见了祖先，难道是祖先在启发我们吗？快把做好的饭端上来进献给祖先。"颜回急忙说："刚才有灰尘掉进饭里，留在饭中不干净，扔掉又很可惜，所以被我吃了，这饭不能祭祖。"孔子便出去告诉其他人："我相信颜回，不是等到今天啊。"后来，大家听说这件事后，都被颜回折服了。

厄于陈蔡

🌀 乘桴浮于海

孔子说过，如果他的主张行不通了，就乘个木筏到海外去〔乘桴（fú）浮于海〕，也说过，有人用我，我就去做，没有人用我，我就归隐。可见孔子一直把自己的理想放在至高无上的位置，愿意坚守它，更愿意推广它。

乘桴浮于海

◎ 椟中玉

一次，孔子的学生子贡问："一块美玉，是该把它放在盒子里收藏起来呢，还是该卖个好价钱？"孔子愉快地回答："卖掉吧！卖掉吧！我在等识货的人呢！"在这里，孔子和子贡把话说得很含蓄，其实是在表达迫切需要得到任用、出仕为官的想法。

还好，虽然很多国君不待见孔子，但一些有志向、有品德的年轻人想成为孔子的学生。于是，在外面奔波的十四年间，孔子收了好多徒弟。之后，孔子也不做官了，专心当老师。

孔子收学生，打破了当时只有贵族才能上学的惯例，他提出"有教无类"的主张，意思是只要想学习，那么不论你在社会上是什么身份地位，他都愿意教。

诲人不倦

子曰："自行束脩（xiū）以上，吾未尝无诲（huì）焉。"（《论语·述而》）

意思是，只要能主动给我一点儿拜师礼，我就没有不去教诲的。脩是肉脯，束脩就是捆在一起的十条肉脯，这在古时候是很普通的见面礼。孔子开出的学费非常便宜，去他那里求学的门槛很低。孔子教学经验丰富，常常和学生们一起探讨问题，解答也特别耐心，从来没有厌烦过。

因材施教

孔子还有一个著名的教育主张，叫作"因材施教"，也就是说，对于不同的人，根据他们的资质、性格、兴趣的不同，会使用不同的教育方法。这在两千多年以前，可是非常先进的。

诲人不倦

孔子与众弟子

🌀 孔子的弟子

颜回

颜回

颜回"讷（nè）于言而敏于行"（说得少做得多），而且谦逊有礼，耐得住寂寞贫寒，是孔子最喜欢的学生，孔子总是表扬他。他的思想主张几乎和孔子是一致的，被后人尊称为"复圣"。

子贡

子贡非常聪明，既有学问，又会做生意，可孔子却经常驳（bó）斥他，以免他太过傲慢。孔子打压着子贡的傲气，却又把子贡比喻成仪式上用来盛装粮食的尊贵器皿——瑚琏（húliǎn），可见孔子对他的评价还是很高的。子贡十分尊敬他的老师，说孔子成为圣人是上天的安排。

子贡

子路

子路是孔子门下弟子中资历比较老的，但子路"好勇"，就是做事有些冲动，孔子就经常批评他，让他审时度势，不要鲁莽，遇到事情多运用智谋。

子路

农山致思

有一次孔子在农山游览，问子路、子贡和颜回三个人的志向，子路说："我希望能挥舞像月亮一样的指挥旗，像太阳一样的战旗，敲击钟鼓声音可以冲破云霄，旌（jīng）旗在地上迎风飞舞，我带领一支军队冲锋陷阵，一定能赢得阵地，拔下敌方旗帜，割下敌人的耳朵邀功，只有我能做到这些。"孔子听后，称赞了他的勇敢。

子贡说："我希望出使到齐国和楚国交战的土地，两军对垒之际，漫天尘埃，士兵们兵刃相接。在这种情况下，我身穿白色衣帽，游说于两国之间，解除国家的灾难。只有我能做得到这些，请让他们两个追随我。"孔子很高兴，称赞了他的口才。

颜回说："薰草和莸（yóu）草不能放在同一个容器里保存，尧和桀（jié）不能一起治理同一个国家，因为他们不是同一类人。我希望辅助明王圣主，向百姓传播五教，用礼来教导他们，使百姓不用饱受战争之苦。没有了战争，子路不用施展他的勇敢，子贡也不用表现他的口才了。"孔子说："不耗费财物，不危害百姓，没有太多的言辞，这是只有颜回才会有的想法啊！"

孔子提倡仁与礼。"仁"的意思就是爱别人，你想要别人怎样对待你，你就要怎样对待别人；你想成功，就帮助别人成功；你不想受伤害，就不要伤害别人……他还提出

了"恭、宽、信、敏、惠"五条"仁"的原则。"礼"则要求人们处事为人要懂规矩、守规矩，人遵守礼仪就不会做错事，那样就天下太平了。

恭、宽、信、敏、惠

行五者为仁

"恭、宽、信、敏、惠"出自《论语·阳货》，子张向孔子问仁，孔子说："能够在天下处处实行五种美德，就是'仁'了。"子张问："是哪五种美德？"孔子说："恭谨，宽厚，诚实，勤快，慈惠。处事恭敬庄重就不会遭受侮辱；为人宽厚会得到众人的拥护；诚实守信会得到别人的任用；勤敏则会提高效率，取得好的功绩；慈惠能给别人带来利益，使别人愿意跟从。"

🌀 孔子守礼

孔子本身就是恪（kè）守礼仪的人，他要是乘车，一定端正地站好，拉着扶手，在车中不左顾右盼，说话很缓慢，也不指手点脚。

🌀 《论语》

孔子是一个好老师，一生致力于传道授业。相传孔子有三千弟子，贤能的人就有七十二位。孔子去世后，他的弟子把他生前和弟子们说过的话记录下来，再整理好编成一本书，这本书就是《论语》，它是儒家学派的经典著作之一，内容浅显易懂，用简单的对话讲述高深的道理。宋代之后，《论语》被列为"四书"之一，成为考试

的必读书籍。现在我们还会经常用到《论语》中的话，比如"有朋自远方来，不亦乐乎""巧言令色""三十而立""温故知新"等。即使是没读过《论语》的人，也能说出里面的话，可见这部著作的影响有多大。

四书五经

"四书"是儒家传播思想的基本教材，包括《大学》《中庸》《论语》《孟子》，一直以来广泛流传。其中，《论语》《孟子》分别是孔子、孟子及其学生的言论集，《大学》《中庸》则是《礼记》中的两篇。《大学》记录的是孔子讲授"初学入德之门"，由曾子整理；《中庸》是子思编写的"孔门传授心法"之书。朱熹为"四书"做了注释。

"五经"为《诗经》《尚书》《礼记》《周易》《春秋》，这五本经典书籍是儒家作为研究的基础。

"亚圣"孟子

孟子

孟子名轲（kē），字子舆（yú），是儒家的代表人物之一，与孔子并称"孔孟"，后人尊称他为"亚圣"。相传，孟子是孔子的孙子子思的学生的学生，后来他的名声和威望越来越高，很多人来向他学习求教，于是孟子也收了很多弟子。孟子不光继承发扬了孔子的观点，连经历都很像，他也曾带领学生游历多国，向诸侯宣传自己的思想。可惜的是，他的政治主张也一样不被重用，所以最后他又回到家乡继续讲学。

人性向善

人之初，性本善，人们一直认为这是孟子的观点。其实，孟子认为人性是向善的，并不是本善，因为"恻隐（cèyǐn）之心，人皆有之；羞恶之心，人皆有之；恭敬之心，人皆有之；是非之心，人皆有之"，这些是人的共性，是人和动物的区别所在，也是仁、义、礼、智等善的根基。人性向善，就和水向低处流是一个道理。

孟子将"性善论"作为人们道德修养的理论根据，并提出了一套主观唯心主义的体系。他认为，通过努力可以提高品德，每个人都有可能成为君子。

善恶一身

民本思想

民本思想一直都是儒家学派的重要思想主张。春秋时期，天下大乱，人们对于"天"的崇拜已经动摇了，君主和大臣对"民"也开始有了新的认识。孟子提出"民为贵，社稷次之，君为轻"的"仁政"学说，他反对武力，主张君主要爱护人民、听政于民、与民同乐，要用德行治理天下，保护百姓的生命和维护百姓正常生活。"以民为本"是孟子学说的中心思想，这在当时是非常先进的。

以民为本

孟子论政

◎ 《孟子》

《孟子》是被称为"四书五经"的儒家经典之一，是"四书"中篇幅最长的一本，有三万五千多字，由孟子和他的学生万章等人共同完成。书中理论不但宏大广博，文章也非常雄健优美，语言多用对话形式，常用夸张、比喻和寓言故事等增加说服力，"一曝（pù）十寒""五十步笑百步""始作俑者"等成语都出自《孟子》。

◎ 一曝十寒

齐宣王是一个昏庸的君主，做事半途而废，总是轻信小人的话，孟子便对齐王说："即使是生命力很强的植物，把它放到太阳下晒一天，再放到冷的地方冻十天，它也会死的。我见到您的机会很少，就算我能给您一些好的影响，等我走了，那些小人又带给您许多不好的影响。这样下去，怎么能让您进步呢？"

🌀 五十步笑百步

　　梁惠王认为自己将国家治理得很好，可他却发现一直没有其他诸侯国的百姓来投奔，他十分不解。孟子用一个故事来讲这件事。

　　故事是这样的：战场上，两军正在交战，有两个士兵败下阵来，逃了五十步的人笑话那个逃了一百步的人。

　　孟子问梁惠王听后有什么想法，梁惠王说："逃跑五十步的人只是没有跑上一百步，但他们都算逃跑了。"孟子说："大王如果懂得这个道理，就不要指望自己的百姓比邻国多了。"

五十步笑百步

孟母三迁

孟母三迁

孟子小时候失去父亲，由母亲独自带着他生活，孟子的母亲十分重视对他的教育，希望孟子长大后能成为一个贤德的人。

孟子的家离墓地很近，他和邻居孩子经常玩办丧事的游戏，孟母认为这样不利于孟子的成长，于是就搬了家。他们住到集市附近，孟子又学起了做生意吆喝（yāohe）和杀猪宰羊的事情，孟母认为这样的环境对孟轲还是不好，就再次搬家，住到了学堂旁边。学堂里的学生有礼有节，孟子见了都一一学习，孟母很高兴，母子二人就在学堂旁安家了。

◎ 断织喻学

孟子小的时候学习总是一开始很有兴趣，一段时间过后便开始厌烦，经常逃学。孟母知道后非常生气，拿起刀就割断了织布机上的线，并告诉孟子，荒废学习，就像割断织布机上的线，布是一丝一线织起来的，现在还没完成就割断了线，布就无法织成了。求学是为了功成名就，经常逃学是不可能成为有用之材的，不刻苦读书的人将来就算不做强盗，也会沦为供人驱使的仆役。孟子听后，开始用功读书，再也不敢懈怠。

古人对环境影响人这一点有许多形象的比喻，如"近朱者赤，近墨者黑""蓬生麻中，不扶而直；白沙在涅（niè），与之俱黑""与善人居，如入芝兰之室，久而不闻其香，即与之化矣；与不善人居，如入鲍鱼之肆（sì），久而不闻其臭，亦与之化矣"等，所以我们要多接触美好的事物和品行优秀的人，让自己也变得更优秀。

入鲍鱼之肆，久而不闻其臭

🌀 观点阅读：

富贵不能淫（yín），贫贱不能移，威武不能屈，此之谓大丈夫也。〔《孟子·滕（téng）文公下》〕

真正的大丈夫在富贵面前不会动摇操守，身处贫贱境地不会改变志向，面对武力胁迫也不会屈服。

贫贱不移

🌀 困难中崛起

"天将降大任于是人也，必先苦其心志，劳其筋骨，饿其体肤，空乏其身，行拂乱其所为，所以动心忍性，曾益其所不能。"

意思是当上天将要把重任降临在某个人的身上时，一定要先磨炼他的心性，使他的筋骨劳累，让他的身体忍受饥饿、空虚乏力，使他每一步的行动都不顺利，靠这样来激励他的心志，坚韧他的性情，增长他所不具备的能力。

孟子认为艰苦的环境虽然让人痛苦，但正是这些痛苦激励人奋发向上，使人们克服重重困难，最终获得成就。所以，在遇到困难时，应该越挫越勇，在磨炼中进步，在困难中崛起。

◎ **观点阅读：**

穷则独善其身，达则兼善天下。（《孟子·尽心上》）

不得志时，一个人要洁身自好，提升自己的道德修养；得志时，就要努力使天下人都得到好处。

◎ **观点阅读：**

老吾老，以及人之老；幼吾幼，以及人之幼。（《孟子·梁惠王上》）

孝敬自己父母、长辈的同时，也要尊敬、关心那些与自己没有亲缘关系的长者；爱护自己小孩的同时，也要关爱那些与自己没有血缘关系的小孩。

敬老

墨家守城

助人守城的墨子和墨家

　　儒墨二家在春秋时代并称"显学"，世人称之为"儒墨半天下"。墨家的创始人墨子，姓墨，名翟（dí），相传墨子本来是儒家的学生，但学了一段时间之后，觉得儒家的想法不对，所以自立学说，创立了"墨家学派"。墨家学说主张"兼爱"，提倡不分男女老少、亲疏远近、尊贵卑贱，都要给予平等的关爱。墨子还提倡"非攻"，不要去攻打别人，以"守御"为主。墨子的学说对当时世界的影响很大，也是儒家思想的主要反对者。

墨子门徒

墨子召集了很多门人，希望把他们培养成合格的墨者。跟孔子不同的是，孔子希望弟子追随他，而墨子则更注重让弟子服从他。墨家的墨者都要为了领袖"赴火蹈刃，死不旋踵（zhǒng）"。而墨子也经常带着弟子一起守城作战，真是一支组织性很强的队伍啊。

墨子救宋

楚国要攻打宋国，工匠鲁班为楚国制造了一种云梯作为攻城之用，墨子听到消息后急忙赶往楚国见楚王，他想劝楚王放弃攻宋。墨子说："现在有一个人，不要自己华丽的马车，却想偷邻居的破车子；丢掉自己华美的衣服，却想偷邻居的破衣服，这是个什么样的

墨子救宋

人呢？"楚王说："这个人一定有毛病！"墨子趁机说："楚国地大物博，而宋国疆域狭窄，资源匮（kuì）乏。楚宋相较，正如好车对破车，华服对破衣，大王攻打宋国，不正如这个偷窃者一样吗？"楚王不甘心，又命鲁班和墨子模拟攻守，鲁班败了。墨子说："我知道您认为杀了我，宋国就守不住了，但我早就安排了弟子三百余人帮助宋国守城。所以即使杀了我，您也无法取胜。"楚王听了墨子这番话，也知道获胜的概率可能很小，便放弃了攻打宋国的念头。

科学家墨子

墨子是中国第一个从理性高度去对待数学问题的人，给出了一系列数学概念的定义，比如"倍""中""圜（huán）""同长"，还有正方形和直线等；在物理学方面，墨子对力学、光学、声学都有过研究，如声音的传播、小孔成像实验、杠杆定理等。

墨子泣丝

墨子看见白色的丝绸被染上了颜色，便哭泣起来。因为丝绸可以被染成黄色，也可以被染成黑色。染料不同，丝的颜色也不同。由此联想到人可以变好，也可以变坏，环境对人的影响是很大的。

孟胜殉城

孟胜是墨家第三代"巨（jù）子"，也就是领袖。在为楚国阳城君守城的时候被楚军围困，孟胜为了坚守住道义，维护墨家的名声，舍身战死在阳城君的封地，追随他一起赴死的足足有一百八十人。

观点阅读：

士虽有学，而行为本焉。（《墨子·修身》）

士人虽然要有学问，但是，还要能够把学问用于实践，这才是最重要的，是根本所在。

观点阅读：

贤者举而尚之，不肖者抑而废之。（《墨子·尚贤中》）

任用官员时，贤能的人就选拔推举他，不贤能的人就抑制或废弃他。

孟胜殉城

老子与道家学派

老子，姓李名耳，字聃（dān），是道家学说的创始人，以博学闻名天下，听说孔子都曾向他求教过。他被道教尊为"始祖"，认为是"太上老君"的化身。著有《道德经》（又称《老子》），被誉为"万经之王"。

关于《道德经》的来历，有一个很神奇的故事。相传，老子晚年时，因为周王室越来越衰落，他也决定离开洛阳，向西行去。函谷关的守将尹喜眺（tiào）望东方，看见紫气东来，知道有圣人即将到达函谷关。不一会儿，只见一鹤发童颜、仙风道骨的老者骑着青牛，缓缓来到关前。尹喜得知这位老者是要西出函谷关的老子后，百般恳求，希望老子能将他的思想精华留下来。于是，老子便在函谷关写下洋洋洒洒五千字的《道德经》，随后便骑着青牛出关去了。

青牛吼峪

传说在老子八九岁的时候，附近有座大山出现了一头青牛，这青牛非常凶猛，看见什么都咬，甚至还吃人，老子降伏了青牛成为自己的坐骑。

一次老子上翠云峰炼丹，把青牛拴在原地等他。等到老子悟道后决定向西去传道，牵起青牛要走的时候，青牛对着西方吼了三声。

紫气东来

☁ 老师的老师

老子做过周朝管理书籍的史官，知识特别渊（yuān）博。据说孔子对老子非常敬仰，曾向老子求教。老子为孔子讲礼乐、讲人生，孔子受益匪（fěi）浅。回到鲁国后，孔子向自己的学生称赞老子学识渊博、志趣高远，感叹老子是自己的老师。

孔子求教

☁ 居其实，不居其华

老子认为，人如果只追逐名声、钱财、地位、权力等外在的东西，而不注重本质，就不是一个大丈夫。因此《老子》中说"居其实，不居其华"，就是劝诫人不要被世俗的荣华富贵所迷惑；"善建者不拔"是教导人们要稳固自己的根基，脚踏实地地做事，这样才能真正地得到自己想要的东西。

善建者不拔

☯ 万物皆有道

道家学说的核心是"道"，认为"道"是宇宙万物的根源。神秘的"道"产生了万物，那么它究竟是什么样子的呢？老子说它看不见、听不出、摸不着，不是一个具体的东西，是不依赖于人的意志而客观存在的，它支配着一切事物的产生和发展，它无处不在。

☯ 观点阅读：

"罪莫大于可欲，祸莫大于不知足，咎莫大于欲得。故知足之足，恒足矣。"（《道德经》）

没有比放纵欲望更大的罪恶了，没有比不知满足更大的祸患了，没有比贪得无厌更大的过失了。所以知道满足的人，永远都会满足。

◎ 观点阅读：

"大成若缺，其用不弊。大盈若冲，其用不穷。大直若屈，大巧若拙，大辩若讷。躁胜寒，静胜热。清静为天下正。"（《道德经》）

最完美的事物，好像有残缺一样，但它的作用不会衰减；最充盈的东西，好像空虚一样，但是它的作用不会穷尽。最正直的东西，好像有弯折；最灵巧的东西，好像也会笨拙；最卓越的辩才，好像不善言辞一样。躁动可以克服寒冷，清静可以克服酷热。清静无为才能统治天下。

◎ 观点阅读：

"知人者智，自知者明。胜人者有力，自胜者强。知足者富，强行者有志，不失其所者久，死而不亡者寿。"（《道德经》）

能够了解他人的人是智慧的人，能了解自己的人是聪明的人。能战胜别人的人是有力量的人，能战胜自己的人是强大到不可战胜的人。知道满足的人是富有的人，坚持实践的人有志向。不丧失本心的人能够长久，身体虽然死亡，但是道义还在的人，才是真正的长寿。

人性本恶看法家

人性到底是善还是恶，在先秦诸子那里，这是个争论不休的话题。法家和儒家的观点正好相反，他们认为"人性本恶"，人们的内心是贪图利益的，也愿意为了利益去遵守规则或是去冒险。所以，用道德感染人不如用规则管理人，这是法家的主要观点。从春秋时期的管仲，到战国时期的李悝、韩非、商鞅等，法家学派涌现出一大批主张依法治国的学者，他们对中华文明的发展产生了很深远的影响。

🌀 老马识途

齐桓（huán）公要帮助燕国攻打入侵的山戎，管仲和隰（xí）朋一同前往。齐军出征时是春天，冬天才凯旋，路上的草木都有了很大变化。大军在山谷中迷了路，

管仲拜相

如果一直找不到出路，军队就会很危险。这时，管仲提出挑选几匹老马，让它们走在大军的前面，没想到这些老马都果断朝一个方向前进。于是军队跟着它们一会儿就走出了山谷。

管仲是春秋时期法家代表人物。管仲的好朋友鲍叔牙是齐桓公很重要的部下，鲍叔牙向齐桓公推荐了管仲，管仲最终担任了齐国的相国。他在齐国推行改革，使齐国实力日益强大，成为当时的霸主。管仲也被后人誉为"法家先驱"。

管仲拜相

楚国购鹿

齐桓公想要讨伐楚国，但是楚国经济和军事力量都非常强大，管仲提出来一个方法，他建议让齐王高价向楚国购买那里的特产梅花鹿，并且让齐国所有的贵族一起大量购买。楚国的民众发现有齐国人高价买鹿，全都开始养梅花鹿，庄稼都不种了。同时齐国又大量向楚国周边的国家购买粮食，当齐国把粮食买完以后，就停止购买梅花鹿，接着对楚国发起进攻，而楚国缺少粮食想向周边各国购买时，发现他们的粮食都已经卖给了齐国。最终楚国军队无法支撑，齐国轻松打败了楚国。

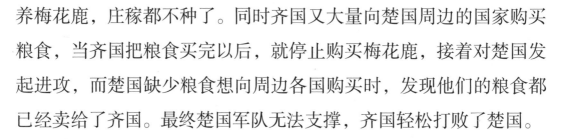

李悝变法

李悝，战国初魏国人。他在战国的历史舞台上主持过变法。经济上，他推行"尽地力之教"，发展农业生产，还试行"善平籴（dí）"政策，由国家在丰年以平价收购农民的余粮，待荒年的时候再卖出去，以控制平抑粮价。政治上，他废除了贵族的爵禄世袭制，把官职和俸禄授予对国家有贡献的人。他还汇集当时各国法律，编写成了一本《法经》，这是中国古代第一部比较完整的法典。

◎ 韩非著书

韩国是周朝的诸侯国之一，位于现在的山西南部及河南北部，是当时秦国的邻居。韩非是韩国贵族，他和秦国相国李斯是同学。韩非因为口吃，所以不擅言语，但他文采出众，连李斯也自叹不如。韩非忧心韩国日益衰弱，殚（dān）精竭虑，写成《孤愤》《五蠹（dù）》《说林》《说难》等名篇，共十万余字，形成了经典的法家理论。

韩非是法家有着突出成就的人。他是第一个提出"法不阿（ē）贵"思想的人，就是不管你是多大的官，犯错都要受刑；不管你是多卑微的人，做了好事都要给予赏赐，这就是现在说的法律面前人人平等。

韩非著书

🌀 滥竽充数

《韩非子》以寓言的形式讲述了很多深刻的道理，举例生动，通俗易懂，成语"滥竽充数"就是由这本书里面的寓言故事演化而来。

古时候，齐国国君齐宣王特别喜欢听吹竽，让手下的300个乐师同时演奏。南郭先生听说了齐宣王的这个爱好，认为这是个赚钱的好机会，于是吹嘘自己乐艺高超，也请求替齐宣王吹竽，齐宣王欣然同意。南郭先生混在乐师队伍中蒙骗了一天又一天，还得到了很高的俸禄。但是好景不长，齐宣王死后齐湣（mǐn）王继位，齐湣王喜欢听独奏，下令让大家轮流来给自己吹竽，滥竽充数的南郭先生只好慌忙逃跑了。

🌀 守株待兔

《韩非子·五蠹》讲了一个关于不劳而获的故事。

宋国有一个人，每天都在地里干活。有一天，他正在锄地时，一只兔子飞快地朝他跑过来，一头撞死在他旁边的树桩上。这个人高兴得不得了，自己什么也没干，就白白收获了一只兔子，于是，他放下地里的活儿，兴高采烈地回家了。

第二天，他没有带锄头就去地里，直接走到树桩旁边，等着下一只兔子撞上来，结果等了一整天都没有看见兔子。接下来的每一天他都不干活，只是坐在树桩旁等兔子，但是再也没有兔子出现过。到了秋天，别人的庄稼都有很好的收成，他却什么也没有得到。

自相矛盾

楚国有一个卖兵器的人，到市场上去卖矛和盾。他夸赞他的盾，说："我的盾是世界上最坚固的，任何东西也不能刺穿它！"接着，他又拿起一支矛，说："我的矛是世界上最尖利的，无论怎样坚固的东西也挡不住它一戳。"这时旁边的人问道："如果用你的矛去刺你的盾会怎样呢？"卖兵器的人哑口无言。这个故事就出自《韩非子·难一》，用来比喻说话做事前后抵（dǐ）触。

自相矛盾

商鞅变法

商鞅变法

商鞅是战国时期著名的政治家、改革家、思想家，是法家的代表人物。商鞅在秦孝公的支持下，在秦国大力施行改革，史称"商鞅变法"。他首先明令军法，奖励军功，让底层士兵有了通过杀敌建立军功的机会，所以秦国的军事力量越来越强大；他废除世卿（qīng）世禄（lù）制度，动摇了原来的贵族阶层；奖励耕织，重农抑商；废井田制，实行辕（yuán）田制，允许土地私有及买卖等。通过自上而下的一系列变法，秦国成为一个十分强大的诸侯国。可以说，没有商鞅变法，也就没有日后的秦国灭六国，实现大一统。

法家主张

商鞅反对儒家提倡的以"诗、书、礼、乐"教育世人，他主张明确法令，要用严刑峻法来管理人民。名言："三代不同礼而王，五伯不同法而霸。""治世不一道，便国不法古。"这两句名言的意思基本在说社会环境变化了，政策和法令也要改变。

徙木立信

商鞅起草新法后还没有颁布的时候，担心百姓不相信，就在人群聚集的市场门口立了一个木头，有三丈高，寻找能把它从南门搬到北门的人，并许诺给做到的人赏赐十金。一开始群众都觉得很奇怪，没人上前。后来商鞅把赏金提高到了五十金，终于有人来尝试了，这个人搬完木头果然得到了赏赐的五十金。于是大家都开始信任商鞅，商鞅这才开始颁布新法。

毁誉参半

商鞅变法使秦国强大了起来，然而老百姓的日子却并不好过。他重战尚武，执法严酷，违弃礼仪伦理，也为秦帝国日后覆（fù）亡埋下了隐患。

商鞅主张施行酷刑，据传他曾在渭河边一日处决七百个囚犯，哀号之声震天动地。他滥用酷刑的做法遭到人们的普遍怨恨。

商鞅之死

公元前338年，秦孝公去世，秦惠王即位。因为商鞅的改革得罪了贵族阶层，那些贵族便来诬告商鞅谋反，秦惠王下令逮捕商鞅。商鞅逃了没多远，就被秦国士兵抓回去，最后死得很惨。

⊙ 观点阅读：

"目失镜，则无以正须眉；身失道，则无以知迷惑。"（《韩非子·观行》）

眼睛不看镜子，就无法整理自己的仪容仪表；行为举止失去道德规范，就无法明辨是非。

⊙ 观点阅读：

"以日治者王，以夜治者强，以宿治者削。"（《商君书·去强》）

当天的政务白天就处理完的能称王天下，当天的政务到晚上能处理完的可以使国家强盛，当天的政务过了夜才能处理完的会使国家的实力削弱。

商鞅逃亡

阴阳家邹衍

五行、阴阳学说在人们心目中一直很玄，战国时期的邹衍将这些很玄的学说应用到了社会变化、朝代更替当中去，形成了"五德终始说"和"大九州说"等。邹衍的意思主要是，大自然有它的规律，一个国家的兴亡不都是由国君说了算的，而是要遵守一定的变化规律。阴阳五行说从古至今，仍有人在信奉并研究它，对后来的天文、历法、气象、算学、医学等学科有着深远的影响。

大九州说

⊙ 大九州说

《尚书·禹贡》记载，冀州、兖州、青州、徐州、扬州、荆州、豫州、梁州和雍州合称"九州"，相传这是大禹划分出来的。

后来邹衍在自己所掌握的知识基础上进行了一种大胆推测，他认为过去所谓的九州，仅是指中国的国土而言，但这只是小九州。事实上，中国只不过是一个叫作"赤县神州"的大州，像中国这样的大州，地球上还有八个，合起来一共有九州，可以称为"大九州"。邹衍的"大九州说"突破了古代中国人眼中只有中国的狭隘（ài）的地域（yù）观念，透过这些文字仿佛能看到整个地球呈现在眼前。

⊙ 阴阳

见过八卦图中那一黑一白两个像鱼一样的图形吗？那就是古人对阴阳的描绘。阴与阳是变化流动的，表示自然变化生生不息，是各种事物孕育、发展、成熟、衰退直至消亡的原动力。

🌀 五行

邹衍是第一个提出"五行"概念的人。五行是指金、木、水、火、土五种基本物质，中国古代哲学家用它们来解释世界万物的形成及相互关系。五行之间相生相克。相生指两种事物相互促进，具体规律是：木生火，火生土，土生金，金生水，水生木；相克指两种事物相互克制，具体规律是：木克土，土克水，水克火，火克金，金克木。

🌀 五德始终说

邹衍的"五德终始说"认为，人类社会的历史变化和王朝的兴衰更替都是按照"五德转移"来进行的。

邹衍本来是想从他的阴阳五行中，找出天灾祸福，来恐吓那些骄奢淫逸的统治者，希望他们能遵从儒家的道德规范治国治民。但是五德终始说的创立，反而为战国后期各国的君主提供了统一天下的理论依据，符合了他们统一天下的愿望。秦始皇就是第一个实践的人。

🌀 上天预兆

《吕氏春秋·应同》中记载，黄帝在位时，土气旺盛；大禹在位时，木气旺盛；成汤在位时，金气旺盛；周文王在位时，火气旺盛。而代替火的一定是水，所以代替周王朝的君主到来时，上天一定会表现出旺盛的水气。

六月飞霜

文学故事中常用"六月飞雪"表达一个人承受了不白之冤。"六月飞雪"更早是"六月飞霜",就发生在邹衍身上。战国时期,燕昭王姬(jī)平请邹衍来帮助治理国家,但是燕国的一些人对邹衍不满,在继位的燕惠王面前说邹衍的坏话,邹衍被冤入狱。当时正值六月盛夏,不料天气大变,突然降霜。燕王这才意识到邹衍的冤屈,就释放了他。

六月飞霜

战国七雄

张仪助秦连横

苏秦佩六国相印

赵

秦

魏

韩

燕

齐

楚

纵横论事——苏秦、张仪

苏秦是战国时期著名的纵横家和谋略家，他用"合纵之说"游说六国联合抗秦，人们说他拜六国相，就是这六国都任命他为国相。六个国家联合起来，就不怕残暴的秦国了。

经过春秋时期旷日持久的争霸战争，这个时候的中国进入了战国时期，形成了七个诸侯国并立的格局，史称"战国七雄"，分别是：齐、楚、燕、韩、赵、魏、秦。前面说到，秦国通过商鞅变法渐渐强大，超过其他六国成了最强者。落后就要挨打，为了不被秦国打，其他六国在苏秦的游说下，结成联盟，使秦国十五年不敢出函谷关进攻其他国家。

🌀 前倨后恭

有一个成语和苏秦有关，那就是"前倨（jù）后恭"。

苏秦曾经非常穷困，家里的亲戚都瞧不起他，他的嫂子都不愿意给他饭吃。后来他拜六国相后，路过家乡，亲戚们都跑到离家很远的地方迎接他，但不敢抬头看他。尤其是他的嫂子，像条蛇一样趴在地上前进问好。苏秦问嫂子为什么对他的态度前后差别这么大，他的嫂子也没拐弯抹角，直说是因为苏秦的身份发生太大的变化。

前倨后恭

苏秦刺股

苏秦曾经想用合纵连横之术劝说秦王，给秦王写了十几封信但都没有被采纳，由于资金缺乏，苏秦只好穷困潦倒地回家了。回到家后，他的妻子不织布了，嫂子也不做饭了，就连父母也不把他当作儿子。苏秦于是就发愤读书，每天学习到很晚，困得快要打瞌睡的时候，就拿起锥子刺破自己的大腿，血都流到了脚下。

齐国遇刺

苏秦曾经和燕易王的母亲私通，燕易王知道后，对待苏秦反而比从前更好，苏秦担心自己迟早会被杀，就对燕王说："我留在这里没办法提高燕国的地位，假如去齐国，我一定可以做到。"燕王同意了。于是，苏秦就假装自己得罪燕王逃跑了。到了齐国后，苏秦很受重用，齐国大夫中有些人嫉妒苏秦得到宠信，便派人刺杀他。苏秦快要死了，凶手却还没抓到，苏秦就向齐王请求将自己的尸首示众，并宣称苏秦在齐国谋乱。于是，刺杀他的凶手便主动出来了。

🌀 张仪

战国时期还有一个著名的纵横家叫张仪。张仪和苏秦都是鬼谷子的学生。张仪支持的对象是强大的秦国，他主张"连横"，就是联络六国中的一些国家与秦联盟，去攻打别国来保全自己。"连横"策略破坏了六国间的联盟，六国被逐个击破。

到了战国后期，各国为了自保，一会儿"合纵"，一会儿"连横"，反复无常，没什么义气。我们知道的"纵横捭阖（bǎihé）"这个成语就来源于此。

🌀 张仪折竹

张仪曾经过着清贫的日子，有一段时间为了生活要为别人抄书。但就是在这样枯燥无味的工作中，他也没有忘记学习。每当遇到圣人说的有用的话，张仪都会找东西抄下来细细琢磨。如果临时找不到抄写的材料，他就写在手心或是大腿上，回到家后再折下竹条，认真刻下来。时间长了，竹条竟然积累成了一本小册子。

🌀 其他纵横家

战国时期著名的纵横家除了苏秦和张仪外，还有公孙衍、范雎（jū）、蔡泽等。纵横家产生在战国那个特殊的混乱年代里，他们用自己的三寸不烂之舌游说各国诸侯，帮助自己辅佐的诸侯以最小的代价获得最大的利益，为人类留下了宝贵的智慧财富。

观乱世，谈兵家

春秋战国时期，诸侯国间仗打得实在太多了，一些军事方面的人才便脱颖而出，他们总结的克敌制胜的办法和规律自成一派——兵家，那些论述军事问题的著作被称为"兵书"。现在留存下来的兵家著作有《黄帝阴符经》《六韬》《三略》《孙子兵法》《孙膑兵法》等，其中《孙子兵法》是我国现存的最早、最杰出的兵书，被誉为"百代谈兵之祖"。

《孙子兵法》从战国至今一直备受推崇，古今中外的军事家们都用其中的军事理论来指导战争。它的作者孙武认为"兵者，诡（guǐ）道也"，在战争中适当地欺骗敌军可以帮助己方取得胜利。

继春秋时期的孙武之后，战国时期出现了两个伟大的军事家——吴起和孙膑，一个擅长排兵布阵，一个擅长用兵选将。

孙子治兵

孙膑遭妒

孙膑和庞涓（juān）是同学，庞涓先到魏国当了将军，不久后孙膑应魏王的邀请也来到了魏国。庞涓怕孙膑抢夺他的位置，于是对孙膑栽赃陷害，最后，孙膑被处以脸上刺字以及剜（wān）去膝盖骨（膑刑）的刑罚，孙膑的名字也由此而来。幸好齐国在魏国的使者觉得孙膑是个有才能的人，于是偷偷将他带回齐国，孙膑成了齐威王和将军田忌的军师。

庞涓妒能

弃儒从兵

吴起出生在一个非常富有的家庭，为了实现自己的政治抱负，他多年来四处奔走，但是不仅没有得到任用，还散尽家财，受尽了冷眼和嘲笑，有的人甚至还诽谤他。吴起一怒之下杀了诽谤他的人，逃走之前，他向母亲立誓一定要位及卿相。于是，吴起拜入孔门，开始向曾申学习儒术，后来母亲去世，吴起却没有回家守孝，这违背了儒家的孝道，曾申便与他断绝了师生关系。从此以后，吴起弃儒从兵，开始认真研究兵法。

田忌赛马

齐国的将军田忌经常和齐威王赛马。每次比赛都设三局两胜。然而田忌总是输给齐威王。一天，田忌把这件事告诉了孙膑。孙膑说："将军的马匹每一等都与大王的差那么一点儿。如果一直按照常规顺序派出马比赛，您永远会输。下次赛马时，照我说的办法做一定会赢。"到了赛马这一天，田忌最先派出了自己的下等马，对阵齐威王的上等马，输掉了第一局。接着，田忌派出了自己的上等马，对阵齐威王的中等马，赢了第二局。最后，田忌派出自己的中等马，对阵齐威王的下等马，又赢了第三局。三局两胜，田忌终于在赛马比赛中战胜了齐威王。

围魏救赵

围魏救赵是三十六计中的第二计，出自历史上的著名战役——桂陵之战。

有一年，魏国进攻北方的赵国。赵国的都城邯郸（Hándān）被围困，被迫向齐国求援。孙膑认为此时魏国的精兵都在赵国，国内一定空虚，建议先攻打魏国，这样魏军就会因后方受到威胁而回国救援，邯郸之围就迎刃而解了。将军田忌依计行事，庞涓果然慌忙撤军，埋伏在魏军归途的齐军最终在桂陵大败魏军。

庞涓之死

公元前341年，魏国又联合赵国攻打弱小的韩国，韩国向齐国求救。田忌和孙膑这一次故技重演，仍然搅得庞涓马上撤军。齐军深夜在马陵伏击，一举歼（jiān）灭魏军。最终魏太子被俘，庞涓自杀，孙膑复了仇。

观点阅读：

"知己知彼，百战不殆；不知彼而知己，一胜一负；不知彼，不知己，每战必殆。"（《孙子·谋攻篇》）

在军事对战中，既了解敌人，又了解自己，一百场战争都不会失败；不了解敌人，只了解自己，胜利和失败的可能性各占一半；既不了解敌人，又不了解自己，那么每场战争都会失败。

庞涓死于此树下

奇货可居吕不韦

　　战国时期，社会动荡不安，各国政治形势都十分微妙。这时有一个本来和政治无关的大商人吕不韦，他在邯郸做生意的时候，经过打探、分析，发现了一个巨大的投机机会——秦王的儿子异人正在邯郸。他便想尽各种办法接近异人，终于成为异人的资助者，帮助异人继承了秦国王位。

拜见异人

奇货可居

◎ 奇货可居

帮助失意的异人并支持他登上王位，成为一国之君，这是一本万利的买卖，用吕不韦的话说是"奇（qí）货可居"。"奇货"就是指异人，仿佛是一种稀有的商品，"可居"就是可以投资囤（tún）积起来，用来获得高额利润。现在也比喻拿某种特长或私藏作为资本，等待获利的时机。

◎ 饮鸩而亡

吕不韦凭借着强大的商业头脑，不仅使异人成为秦王，自己也成功逆袭成了秦国相国。异人死后，嬴政继承王位，吕不韦继续担任相国，还被人尊称为"仲父"（仲父，帝王对宰相重臣的尊称），风光无限。但后来，他卷入朝廷叛乱之中，被流放楚地，嬴政对他心生嫌隙，最终，吕不韦饮鸩（zhèn，毒酒）而亡。

《吕氏春秋》

异人成了秦王，吕不韦也当上了秦国相国。这位有钱的秦相效仿孟尝君等人招贤纳士，对前来投奔的门客礼遇有加，给他们非常优厚的待遇。那时著书立说之风盛行，于是吕不韦让他的门客们将各自的见闻记录下来，合在一起成为"八览""六论""十二纪"三个部分，一百六十篇，共二十多万字，结集成《吕氏春秋》。

杂取百家

综合性文集

《吕氏春秋》吸取了儒、道、名、法、墨、农、阴阳等诸家学说，内容涵盖了政治、经济、军事、农业、

外交、伦理、道德、修身等多个方面，同时还涉及
天文、历法、地理、数术等，是一部体系庞大的综
合性学术著作，积累了众家之长，司马迁称这部书
为"备天地万物古今之事"。

◎ 刻舟求剑

战国时，楚国有个人坐船渡江。船开到江心的时候，他一不小心把宝剑掉进了江里，大家都劝他立刻下去捞，但那个人却掏出一把小刀，在船舷上刻上记号，对大家说："这是宝剑落水的地方，我刻上记号，一会儿再捞也来得及。"船靠岸后，那个人立即从有记号的地方下水打捞，却一直没找到。大家告诉他，船一直在行进，沉入水底的宝剑却不会跟着船移动，所以这样不可能找得到剑。这个寓言故事出自《吕氏春秋·察今》，后来演变成成语，用来比喻那些固执己见、死守教条、呆板不变通的人。教育我们做事一定要符合客观实际，才能取得成功。

◎ 杀骡取肝

《吕氏春秋·爱士》中讲述了这样一个故事。春秋时期晋国的赵简子有两匹白色的骡子，他非常喜欢并视若珍宝。有一天，他的大臣阳城胥渠生病了，大夫说只有一样东西能治好胥渠的病，找不到就会死，这个东西就是白骡子的肝。胥渠的小吏深夜找到赵简子，把这件事告诉了他，并且请求赵简子用白骡子的肝救胥渠。董安于当时正在旁边侍奉，生气地说："胥渠竟然想吃君主的骡子，请处罚他。"赵简子却认为，为了救动物而杀人是不仁的行为，为了救人去杀动物却是仁义的。于是便叫厨师杀掉骡子，把肝取出来给了胥渠。

一字千金

《吕氏春秋》编撰（zhuàn）完成后，吕不韦命人悬挂在咸阳的城门上，还在上面悬挂了一千金的赏金，称如果有人能修改一个字，就送他这一千金，"一字千金"这个成语就来自于此。后来用"一字千金"称赞诗文精妙，价值极高。

不管这部书是不是真的精妙到了一字不能改的地步，但吕相编撰《吕氏春秋》的事广泛地流传开去，可以说是当时非常有效的广告了。

一字千金